AF470199

LE SUCRE DE CANNES

ET

LE SUCRE DE BETTERAVES.

« Aujourd'hui il est bien démontré que si la fabrication du sucre de betteraves reste libre, comme elle l'a toujours été depuis son origine, avant peu d'années, elle supplantera entièrement sa rivale, et la consommation restera exclusivement alimentée par le sucre de betteraves. »

(Rapport fait par M. Ch. Derosne à la Société d'encouragement pour l'industrie nationale sur le concours relatif à l'établissement de sucreries de betteraves sur des exploitations rurales. Ce rapport a été approuvé en séance générale, le 24 décembre 1834.)

PARIS,

IMPRIMERIE DE GRÉGOIRE, RUE DU CROISSANT, 16.

—

1835.

LE SUCRE DE CANNES

ET

LE SUCRE DE BETTERAVES.

Une étrange fatalité semble attachée à la ruine de l'agriculture et de l'industrie dans cette portion de l'empire français qui se compose de nos établissemens coloniaux. Discours prononcés à la tribune, ou dans les chaires d'enseignement commercial, articles de journaux ou brochures : rien n'est épargné pour leur faire expier par une lente agonie, les cris de joie et d'enthousiasme dont les colons saluèrent, il y a vingt ans, la paix qui les rendit à la France.

Attaquées dans le sein des assemblées législatives, harcelées par les clameurs souvent irréfléchies de la presse, néligées et délaissées par le ministère du commerce, que d'aveugles exigences métropolitaines préoccupent; immobilisées en quelque sorte au budget des recettes par la raideur fiscale du ministère des finances, les colonies n'ont pas même la faculté de la libre défense. Elles demeurent dans une situation anormale, entre une protection mensongère et une concurrence inique : situation d'autant plus funeste, qu'on s'efforce d'en déguiser au pays et l'injustice et le danger.

En présence de tant d'hostilités, qui pouvait croire que les colons eussent encore de nouveaux ennemis à redouter et à combattre? Cependant nous avons à en signaler un de plus, qui, à son début, ne craint pas de se poser eomme le plus impitoyable de tous : c'est la nationalité des colons qu'il attaque, et réclamant pour lui le droit exclusif de s'abriter sous les couleurs nationales, il s'annonce dans la lutte par un orgueilleux *veto* mis à tout abaissement de tarif sur les produits coloniaux; quoiqu'en puissent penser les chambres de commerce, et quelle qu'en puisse être la conséquence pour les intérêts maritimes de la France. Cet ennemi qu'il faut enfin nommer, c'est le producteur de sucre de betteraves, lequel prétend puiser dans les priviléges dont il a joui depuis l'origine de son industrie le droit absolu d'écraser à jamais une autre industrie qui lui porte ombrage. Car ce n'est point assez pour les cultivateurs de betteraves et pour les fabricans de sucre indigène d'avoir grandi en puissance et en richesse, à l'abri d'une exorbitante protection; ce n'est point assez pour eux d'avoir pu se soustraire si long-temps aux charges dont sont grevées les autres branches du travail national; un léger motif de crainte pour la perpétuité de ces priviléges leur a fait jeter un cri d'alarme.

Qu'est-il donc arrivé pour exciter tant de terreur? Certes, ce ne peut-être M. Humann qui les effraie; M. Humann demandant à la chambre des députés, s'il ne serait pas temps d'imposer quelque peu le sucre de betteraves, a parlé timidement, et avec tous les ménagemens dus à la propriété foncière et aux redoutables élémens des majorités ministérielles : mais la fabrication tout entière s'est émue, à propos d'une diminution réclamée sur les droits à l'entrée des sucres coloniaux. Cependant sans cette diminution l'avenir de la navigation française est compromis, et les cultivateurs colons ne peuvent échapper à une ruine complète.

On a sonné le tocsin dans les départemens à betteraves ; on s'est donné rendez-vous à Paris ; et là, réunis en comité, les fabricans étonnés qu'on leur parlât d'un impôt, étonnés que des immunités et des priviléges qui datent d'un quart de siècle ne leur eussent pas constitué à perpétuité un droit de franchise de taxes, les fabricans ont donné pouvoir et autorité à trois délégués, pour venir, à la face de la nation entière, se déclarer les défenseurs d'une prétention injuste et anti-nationale.

Un mémoire a paru : MM. Isoard, A. Piot et A. Cougouille en sont les auteurs et l'ont rédigé au nom d'un comité de cultivateurs de betteraves et de fabricans de sucre indigène.

Cédant à la déplorable influence des rivalités d'industrie, le comité dont le but semblait devoir être de fournir des argumens contre la création d'un impôt, n'a pas trouvé un meilleur moyen de faire les affaires des fabricans de sucre indigène, qu'en se rendant l'écho de toutes les doctrines, qui ont été vulgarisées contre l'importance politique, agricole et commerciale de nos colonies. C'est à un acte complet d'accusation contre elles que sont consacrés les deux tiers de ce factum de défense : et pourquoi? parce que les colons, dépourvus d'appui dans la majorité de la chambre, ont cru devoir adresser quelques réclamations à M. le ministre des finances, qui, en présentant son budget, avait laissé percer, dans les termes du rapport, sa partialité en faveur des sucres indigènes. Cependant si les champions de la betterave eussent voulu ne pas franchir, en combattant pour leurs priviléges, la limite légitime de la défense, il n'était pas impossible que les colons ne devinssent pour eux des auxiliaires, car les colons auraient pu être amenés à se rallier à un drapeau sur lequel eût été écrit : Abaissement des tarifs à l'entrée des sucres coloniaux, pour donner à la consommation l'accroissement qui lui manque : pas d'impôt sur le sucre de bette-raves, parce que cet impôt, préjudiciable aux dé-veloppemens de la consommation, peut porter atteinte à la liberté de culture; et qu'en droit na-turel, cette liberté est la première à respecter.

Mais le triumvirat du sucre indigène a mieux aimé laisser tomber les plis de sa robe. Il a voulu, lui aussi mêler sa voix à celles qui s'émeuvent si aisément quand il s'agit de crier *haro* sur les colo-nies : et, pour prouver à la France le peu d'intérêt qu'elle a dans la conservation de ces établissemens, on a cru pouvoir même outrager l'amour-propre français et la puissance nationale. On a proclamé l'impossibilité de défendre cette partie de l'empire: « Si la guerre maritime éclate (a-t-on dit, page » 27) les colons français auront le LENDEMAIN la » douleur de se voir anglais. »

Quel que fût l'avantage à retirer d'un pareil ar-gument, M. Isoard et les co-signataires du mé-moire n'auraient pas dû sacrifier ainsi, à l'inté-rêt personnel des fabricans de sucre indigène, la connaissance qu'ils ont, sans doute, de l'histoire de leur pays. On sait que *les colons n'ont jamais eu la douleur de se voir anglais le lendemain d'une déclaration de guerre;* mais seulement après que la marine française avait perdu quelque grande bataille, ou que, succombant partiellement sous le nombre, cette marine déclinait peu à peu et finissait par disparaître entièrement de la surface de l'Océan.

Les colonies se trouvent, donc, à cet égard, par rapport à leur métropole, dans une situation parfaitement identique à celle des plus redoutables forteresses du territoire continental qui succombent aussi, quand les armées extérieurement chargées de les portéger, sont vaincues et dispersées.

Le jour où l'amiral Duperré, son budget à la main, viendra demander à la chambre une somme de 60 millions, pour le service et l'entretien de la marine militaire, pourquoi, se rappelant, comme le comité, que « la France sans marine a pu être une grande nation, et faire la loi » à d'autres, » (page 31) un député ne viendrait-il pas, armé d'une logique impitoyable, mais au moins aussi concluante que celle appliquée à la conservation ou non-conservation des colonies, déclarer les dépenses du budget de la marine inutiles, et refuser le crédit demandé, car, lui aussi pourrait dire : A quoi bon des frégates et des vaisseaux que nous pouvons avoir la douleur, *le lendemain d'une guerre maritime, de voir devenir anglais ?*

Qu'importe Bordeaux et ses plaintes incessantes sur le dépérissement de sa marine marchande ?

Pourquoi ces primes considérables aux armemens que le Havre destine à la pêche de la baleine, aux armemens que St-Malo, Granville, et Dunkerque destinent à Terre-Neuve ou pour les côtes de l'Islande ! Tous ces navires , tout ce luxe du commerce extérieur, nous ne voulons pas nous exposer à *la douleur de les voir*, LE LENDEMAIN *d'une guerre maritime, tomber en possession des Anglais*, et ajouter à leurs ressources pour attaquer « *l'ancienne France , l'impérissable France , la vraie France, celle en un mot qui nous donne le sucre de betterave.* » (Page 36). pitoyables argumens, qui feraient déclarer traître à son pays celui des mandataires de la France qui viendrait les reproduire à la tribune nationale.

Mais il ne suffit pas de s'indigner de pareilles doctrines , il faut renverser en même temps leur base irrationnelle, en répétant qu'il faudra toujours que la destruction de la marine militaire et de la navigation marchande soit accomplie, avant que les colons *aient la douleur de se voir anglais*. Si la France se décide donc à écrire un arrêt de mort contre ses colonies, si elle admet préalablement dans les considérans de cet arrêt, la certitude de perdre ses colonies le *lendemain d'une déclaration de guerre maritime*, qu'elle enveloppe, pour procéder logiquement, sa marine et son commerce extérieur, dans la même condamnation ; car encore une fois (le comité des cultivateurs de betteraves est prié d'en prendre note), les colonies ne changent de pavillon qu'après les vaisseaux de la France, et quand les navires du commerce français sont ou bloqués dans les ports, ou capturés par l'ennemi.

De 1802 à 1809, époque où la Martinique et la Guadeloupe passèrent sous la domination britannique, ces deux colonies ont tenu en échec de puissantes escadres de l'Angleterre, et si l'on voulait faire le calcul des dépenses que ces stations coûtèrent à nos ennemis, il serait facile de prouver qu'il n'y a point de place forte en Europe qui ait obligé des adversaires à une diversion aussi onéreuse.

Le commerce anglais certifierait au besoin les rudes coups qui lui furent portés par les corsaires de la Guadeloupe et de la Martinique ; et l'attention de Napoléon fut souvent attirée sur les brillans faits d'armes dont la mer des Antilles était alors le théâtre.

Huit années d'une guerre maritime acharnée durent s'écouler avant que le pavillon français cessât de flotter aux colonies. Quelle citadelle européenne a gardé aussi long-temps l'ennemi devant elle ? qui peut même dire si jamais les colons auraient eu la douleur de se voir Anglais, sans les actes du *non-intercourse*, et de l'embargo américain, qui vinrent affamer nos garnisons ? Napoléon lui-même le proclamait haut tement, lorsqu'au milieu des négociations de la célèbre indemnité américaine, il disait au gouvernement fédéral : « Vous avez été cause de la » perte des colonies de la France. » Napoléon parlait ainsi parce que, juge compétent, il savait comment, dans les guerres maritimes, les colons ont la douleur *de se voir Anglais*. Il savait que les habitans de St.-Pierre-Martinique , tourmentés par une effroyable disette, étroitement bloqués par les forces anglaises, avaient oublié leurs souffrances, pour voter une épée d'honneur au capitaine du brick *le Cygne*. Pourtant ce n'était pas du secours que leur apportait ce capitaine, qui venait de traverser avec tant de courage une formidable ligne de blocus. Mais sa présence attestait du moins que la France ne désespérait pas du patriotisme et du courage de ses enfans perdus. Ce que Napoléon savait encore, c'est que la marine de la France pouvait un jour avoir sa revanche de Trafalgar , et qu'alors même que ses flottes seraient victorieuses, il leur fallait, contre les seules tempêtes, des relâches assurées dans l'immensité de l'Océan.

Pourquoi faut-il donc qu'aujourd'hui il y ait contre les colonies des préjugés tels qu'on puisse hardiment évoquer des souvenirs d'impuissance ; et prophétiser la faiblesse de sa patrie, ou ses désastres futurs, pour motiver le mépris que l'on veut faire des intérêts et des droits des habitans d'une portion de l'empire français? Il est temps d'en finir avec ce passé, car il est à peu près impossible qu'aucune éventualité de guerre ramène jamais les mêmes circonstances et les mêmes situations. Les fabricans de sucre de betteraves, ont pu seuls prophétiser des résultats identiques dans une lutte de l'avenir. Seuls ils ont pu prévoir de loin ces résultats, et les désirer peut-être ! Tel n'est point le rôle des colons et de leurs défenseurs, qui doivent se borner à repousser les maximes, et à combattre les chiffres et les assertions au moyen desquels le comité des fabricans de sucre indigène a voulu démontrer à M. le ministre des finances que le sucre colonial doit continuer à payer de forts droits à l'entrée. Cette démonstration n'aura pas eu besoin probablement de grands efforts de logique pour arriver à l'intelligence du fisc; mais, pour lui prouver en même temps que le sucre indigène doit être livré à la consommation intérieure de la France, sans droits et sans taxe, il faudra, à n'en pas douter, d'autres argumens que ceux de la logique ordinaire.

ORIGINE DU SUCRE DE BETTERAVES.

« Lorsqu'en 1809, on imagina de faire du sucre avec de la betterave, dit le comité de cultivateurs et de fabricans, le sucre étranger était à peu près exclu de la France ; car nos colonies étaient occupées par l'ennemi ; et le peu que les neutres nous en apportaient de l'étranger était soumis à un droit de 33o fr. par quintal métrique. D'un autre côté, le gouvernement avait accueilli avec une sorte d'enthousiasme cette découverte qui tendait à nous exempter d'un tribut, comme on le disait alors, payé aux nations ultra-marines. Des secours d'argent furent accordés aux premiers exploitans. Tous les échos officiels exaltèrent à l'envi leur dévoûment et leur patriotisme : et, ce qui était plus précieux à une époque où le fisc avait *la main prompte, large et dure,* et où il était naturel à toute production nouvelle de redouter ses atteintes , un décret impérial leur garantit, pour quatre années, l'exemption de toute taxe spéciale, avec promesse de proroger, s'il y avait lieu, cette exemption pour un semblable espace de temps. » (Page 6).

Jamais contrat n'avait été, dans ses stipulations, plus net, plus explicite et en même temps plus loyal. S'il est une industrie qui ne puisse point parler de ses droits acquis, quand le fisc lui tend une main, *prompte, large* et *dure* pour toutes les autres industries et non pour elle, c'est bien certainement la fabrication du sucre de betteraves. Elle a été prévenue et mise en demeure le jour même de sa création ; elle a été avertie authentiquement par un décret impérial que pendant quatre années elle serait exempte de taxe spéciale, mais qu'après ce laps de temps, le gouvernement se réservait de modiffer une protection inouïe dans les fastes de nos douanes, de notre politique et de notre économie intérieure.

La pensée de Napoléon est facile à pénétrer. Ce terme de quatre ans assigné à la vie privilégiée du sucre indigène donne à comprendre que, pour Napoléon, la *vraie France, l'impérissable France* n'était pas tout entière où *se fait le sucre de betteraves*, et que l'horizon s'étendait pour lui au-delà des départemens du Nord et du Pas-de-Calais. Napoléon ne renonçait ni à ses colonies que les chances de la guerre lui arrachaient momentanément, ni à sa marine dont il connaissait la force et la puissance, alors qu'elles étaient momentanément paralysées. Pour lui la France était partout où flottait le pavillon français, et partout où les lois de ses codes étaient obéies. Le sentiment de nationalité si profond dans cet esprit élevé ne lui permettait pas d'oublier un instant qu'il y avait encore des Français au-delà de l'Atlantique et que leurs intérêts et leur fortune étaient dignes de la sollicitude et des prévisions de son gouvernement.

Pourquoi, à cette époque, le sucre indigène fit-il peu de progrès, malgré cette *protection fabuleuse?* Pourquoi, en 1814, n'y avait-il encore qu'une *fabrique digne de ce nom?* c'est que l'intelligence qui ne voit pas de France au-delà de la Picardie et de l'Artois ne pouvait pas deviner

non plus du prémier coup l'avenir de la betterave : c'est qu'on avait peur d'engager des capitaux à tâtons : c'est encore une fois qu'il n'y avait
pas avec Napoléon d'accomodement possible, pour
espérer le sacrifice d'une industrie à la cupidité
de l'industrie similaire. Les faits vont se presser
pour venir à l'appui de cette argumentation.

« La restauration arriva et le sucre de cannes avec elle.
Pendant deux ans, la France fut inondée de sucres
étrangers dont une longue surabondance au-dehors
avait avili le prix. D'ailleurs la douane ne demandait
plus que 40 francs par quintal , et , à l'aide de l'occupation de nos frontières, une bonne partie s'introdui-
sait en fraude de ce droit. A partir de 1816, et lorsque
nos relations avec nos colonies eurent été régularisées,
on fit définitivement succéder à la taxe impériale de 330 fr.
celle de 44 fr., puis celle de 49 fr. 50 cent. Quel que fût à
cette époque et quel que soit encore aujourd'hui le mérite de cette dernière fixation, toujours est-il qu'il en
résulta pour le sucre indigène un *énorme abaissement
de protection*. Or, en dépit de cet abaissement, en dépit de la défaveur et du ridicule qui succéda pour elle
aux panégyriques de l'empire, cette industrie renaquit
bientôt de ces cendres, et ce fut à l'étonnement général
que la commision d'enquête de 1828, obligée de l'ad-
mettre parmi les élémens de sa délibération sur les sucres, constata qu'à cette époque sa production annuelle
s'élevait à quatre millions de kilogrammes. » (Page 7).

Si l'on se reporte à 1816, il faut se rappeler ce
que la paix de 1814 avait coûté de possessions co-

loniales à la France. Dépouillée de l'Ile-de-France
et de Sainte-Lucie, réduite aux quatre colonies
de Bourbon, Cayenne, la Martinique et la Guadeloupe, la France pouvait craindre que leur
production normale ne pût suffire à sa consommation, car ces colonies, à peine revenues des
misères et des calamités d'une longue occupation
étrangère, ne livraient alors à la métropole que
moitié des récoltes actuelles. Rien donc de plus
facile à concevoir que ce miracle d'accroissement
opéré à cette époque dans la culture de la betterave. Le haut prix du sucre colonial, une protection considérable pour le sucre indigène, les
primes scandaleuses accordées à la sortie des raffinés, en étaient autant de causes que toutes les
intelligences peuvent saisir, et contre lesquelles
des caricatures ou des plaisanteries sur la betterave faite sucre, ne pouvaient avoir que bien peu
de puissance.

Des considérations politiques venaient d'ailleurs se joindre à ces considérations d'intérêt
matériel. Le gouvernement avait besoin des majorités parlementaires ; les grands propriétaires
terriens étaient en force sur la scène politique;
une longue guerre maritime avait fait oublier
beaucoup en matière de commerce extérieur et
de navigation : de son côté, l'opposition, toujours
en quête de thèses propices à l'éloquence de tribune, trouvait dans les colonies une mine iné-

puisable. Placé dans ce défilé, et préoccupé d'intérêts si non plus grands, au moins plus directs, le gouvernement fit peu de résistance à la propagation de doctrines économiques qui proclamaient l'inutilité et les inconvéniens des possessions coloniales. Le commerce des ports, qui paraît se raviser un peu sur ses intérêts menacés aujourd'hui, s'associait alors à cette hostilité, et lui donnait de nouvelles forces.

Tout marchait donc à souhait pour les fabricans de sucre indigène. Les quatre années d'immunité garanties par Napoléon recevaient une prolongation indéfinie; les *gros capitalistes* s'engageaient dans les entreprises nouvelles; de toutes parts se manifestait une détermination bien prise de mettre les colons français au ban de la grande famille et de les classer dans les parias de la production nationale. Cependant, les progrès de la betterave éveillèrent, en 1828, l'attention de M. de Saint-Cricq; il déclara que *dans peu* les fabricans de sucre de betteraves auraient à subir un décroissement de protection par l'abaissement du tarif colonial ou par un impôt spécial. En 1832, M. d'Argout parla de 5 francs par quintal métrique. Nous sommes en 1835, et M. Humann n'ose même pas préciser un chiffre; il se borne à dire à la chambre qu'elle sentira la nécessité d'imposer le sucre de betteraves !

Les fabricans savent apprécier à leur juste valeur ces avertissemens redoutables; ils n'ont jamais été dupes de cette fantasmagorie fiscale, et s'ils publient un mémoire aujourd'hui, ce n'est pas qu'ils craignent le moins du monde cette taxe qui ne peut naître que du consentement un peu douteux d'un nombre assez grand de leur co-intéressés. Mais leur factum est là pour constater qu'il y a eu péril et pour colorer au moins d'un prétexte le refus qui serait fait par la législature, et de l'abaissement du droit colonial, et de l'impôt spécial. Si vous en doutez, écoutez plutôt le comité lui-même dépeignant l'effet produit sur son industrie par les paroles comminatoires qu'on lui a déjà fait entendre.

« Chacun sait quels faits se sont produits sous l'empire de ces actes comminatoires. De 1828 à 1832, nos produits ont passé de quatre millions de kilogrammes à dix millions; de 1832 à la fin de 1834, ils sont montés à 20 millions; et, en 1835, autant qu'on peut juger par l'établissement d'un grand nombre de nouvelles fabriques, et par l'extension que les fabriques actuelles ont donnée à leur travail, nous déclarons (parce que c'est la vérité, et quoi qu'on puisse en induire contre notre cause), nous déclarons qu'ils dépasseront très-probablement trente millions. » (Page 8).

Maintenant veut-on connaître, selon le comité, la seule et la véritable cause de ces progrès? Ce n'est point aux priviléges législatifs qu'il faut en demander l'explication. C'est une découverte de la science qui seule a fait la fortune de cette industrie. C'est à une observation agronomique du respectable M. Morel de Vindé que la fabrication du sucre indigène doit ses succès et ses bénéfices. Grace à lui, l'on sait aujourd'hui que la betterave est « *une plante non épuisante, dont la culture exige trois façons dans l'année (binage, sarclage, et butage); que ses produits ne sont pas une denrée déjà indigène ; qu'ils sont en outre d'un emploi général et d'un débit certain,* » toutes choses que l'on ignorait probablement et dont on ne se doutait même pas du temps de Napoléon, alors que l'on *n'attendait de l'industrie qu'une simple satisfaction d'extraire du sucre de betteraves.* M. Morel de Vindé a plus fait pour le sucre indigène que le blocus continental et les immunités de Napoléon, dit le comité : c'est possible ; mais il faut avouer que la protection de 5o francs par 1oo kilogrammes ne gâte rien, et qu'au prix d'une pareille immunité il n'y a pas en France d'industrie qui n'eût prospéré.

Cette prospérité est telle, que les adeptes n'hésitent point à déclarer qu'avant peu la fabrication du sucre de betteraves doit fournir à la consommation entière de la France ; et alors quel sera le sort des sucres coloniaux ? Ils n'offriront même plus la ressource d'une perception de 3 2 millions, car leur production aura cessé devant la ruine complète du producteur. Cependant il faut au sucre de bette-

teraves, comme condition de cette prospérité future, la perpétuité de l'impôt sur le sucre colonial,
impôt qui lui-même est la garantie pour la production indigène du prix élevé qu'elle obtient. Elle a
besoin de ce prix tout entier, nonobstant clameurs et réclamations de la part des consommateurs. « Car ce prix n'a jamais excédé et n'excédera
pas aujourd'hui les bornes du strict nécessaire ;
la plupart de nos établissemens ne se soutiennent
qu'à l'aide de nouveaux sacrifices, qui s'expli-
quent par les progrès du passé et notre foi dans
l'avenir ; et l'existence de ces établissemens serait
compromise par la moindre altération dans nos
conditions de concurrence avec le sucre de
cannes. »

Ainsi la moindre baisse qui se ferait sur le prix
actuel renverserait toute l'économie de la grande
découverte agronomique. La betterave périrait !
Voilà donc les consommateurs éternellement con-
damnés à ce prix actuel, qui n'excède pas le strict
nécessaire du manufacturier ; le pauvre homme !
et quand il est facile de citer des faits qui donnent le plus éclatant démenti à la description de
ces chimériques sacrifices, comment se pourrait-
il que les colons fussent réduits à désespérer de
leurs droits ?

DE LA RÉDUCTION DU DROIT COLONIAL.

Pourquoi cette réduction doit-elle être refusée aux colons? c'est principalement, dit le comité, parce qu'il y a dans leurs réclamations des variations quant au chiffre du nouveau droit à établir: logique avec laquelle on arriverait aussi bien à dire que si les colons étaient unanimes sur un chiffre invariable de réduction, leur demande devrait être incontestablement accueillie.

« Ils avaient demandé, en 1832, une réduction de 20 fr.; mais bientôt, et comme la résistance qu'ils rencontrèrent contre toute modification était peu encourageante, leurs protecteurs dans les chambres réduisirent leurs prétentions de moitié; et la cause qui fut par eux plaidée et perdue n'avait pour objet qu'un abaissement de 10 fr. Une des raisons qui motivèrent ce rejet avait été la médiocrité même du chiffre de 10 fr. » (Page 13.)

Pour répondre catégoriquement à cette étrange argumentation, il suffira de dire que les organes légaux de l'intérêt colonial n'ont jamais admis que cette diminution de 10 francs pût satisfaire à leurs droits, et qu'à aucune époque leur demande de réduction n'a été au-dessous de 20 fr. Quant aux propositions subsidiaires formulées dans les chambres pour un plus faible abaissement dans les tarifs, les colons ne pouvaient consciencieusement, et, quelle qu'en fût l'insuffisance, en repousser la demande. En second lieu, s'il y avait un abîme de séparation entre les consommateurs de sucre et ceux qui ne peuvent se procurer cette consommation par leur position de fortune, on concevrait qu'une réduction de 10 francs pourrait être jugée tout à fait illusoire, surtout si elle avait pour but d'aller recruter de nouveaux consommateurs dans les rangs de gens pour qui cette denrée serait nouvelle; il est même assez inutile pour s'en convaincre de suivre les auteurs du mémoire dans l'intérieur des boutiques d'épicier, et de calculer avec eux ce que le petit consommateur a ou n'a pas de désavantage dans ses achats *par quarteron ou par once*. De pareils raisonnemens sont en vérité trop puérils pour mériter une réfutation; car si l'on voulait descendre à cette futile discussion, on pourrait dire aussi que dix francs par quintal métrique diminués sur le droit colonial, auraient sur le sucre raffiné une action en baisse de cinq centimes par livre : qu'ainsi un ménage qui, mensuellement, consacre dix francs à sa dépense de sucre, au lieu d'en acheter dix livres et demie au prix de 19 sous, en aurait, au nouveau prix de 18 sous, une provision de onze livres et un cinquième, environ une livre de plus à consommer par maison. Voilà comment, dans une école d'enseignement primaire, on expliquerait aux élèves pourquoi la réduction la plus minime sur les taxes doit avoir une influence ascendante sur la consommation.

Cette infaillible influence a été d'ailleurs formulée en axiôme par l'économie politique : et plût à Dieu qu'il n'y eût rien de plus obscur dans toutes les théories que l'on propage en son nom ! Ce qui n'empêche pas M. le ministre des finances de proclamer hautement que la réduction du droit colonial, sans effet sur la consommation, ne fera qu'enrichir le producteur colon. Et des écrivains économistes se sont rencontrés pour dire à M. Humann : « La réduction ne pro- » fiterait pas au consommateur : notre opinion, » tout-à-fait conforme à la vôtre, M. le ministre, » est que, sauf la chétive part que pourraient *en* » *arracher les colons*, elle irait tout entière aux » spéculateurs et aux détaillans. » Il est à croire, pour la réputation scientifique des signataires du mémoire, qu'ils ne pensent pas un mot de ce qu'ils disent là à M. le ministre des finances. Et, quelque flatteuse que soit l'adhésion de MM. les fabricans de sucre de betteraves, il est probable aussi qu'elle ne donnera pas à M. le ministre une conviction que le député de l'Alsace ne partagerait certainement pas. Mais on peut juger par là de la trempe d'armes avec lesquelles il est encore possible d'attaquer les intérêts coloniaux.

Du reste, il est certain que plus le chiffre de la réduction serait élevé, plus le résultat serait décisif dans l'intérêt de la consommation, intérêt qu'il est plus facile dans cette question que dans bien d'autres, de concilier avec les besoins du trésor public.

On dit, encore pour repousser l'abaissement des tarifs, que la France est fidèle à son pacte avec ses colonies; qu'elle ne s'est engagée à protection que contre la concurrence étrangère, et que, pour rendre leur plainte légitime, il faudrait que les colons fussent menacés de ruine par l'introduction des sucres étrangers. Mais où est ce pacte? Quel peuple ou quel individu serait jamais assez stupide pour signer un contrat qui stipulerait que les fruits de son travail auraient à acquitter une énorme taxe, pendant que les fruits similaires du travail de ses concitoyens, de ceux qui vivent sous le même drapeau, qui obéissent aux mêmes lois, seraient exempts d'impôt? Que l'on dise, si l'on veut, que la métropole a pu imposer à ses colonies des conditions commerciales tyranniquement restrictives, et en rendre l'application possible, à l'aide de la garantie que le marché de la France offrait à l'admission des productions coloniales sous un droit largement protecteur. Mais au point où les progrès de la fabrication du sucre de betteraves ont fait descendre cette garantie, vienne cent fois plutôt la concurrence étrangère, même au droit différentiel le plus modéré qui ait été proposé par les chambres de commerce ; les colons la craignent moins qu'une scandaleuse protection de 5o fr. par 1oo kilogrammes , accordée au sucre indigène , et qui frappe de mort l'agriculture et le commerce des colonies.

O vous! qu'on a habitués à ne pas prononcer le mot colon , sans que des idées de monopole et de privilége ne viennent à votre esprit , suivez les fabricans de sucre indigène dans le tableau qu'ils font des colonies françaises et de leur situation agricole et financière ; et jugez par vous-mêmes du mérite réel de ces prétendus priviléges, qui garantissent aujourd'hui l'existence et la fortune coloniales. En vérité, il y a bien peu de générosité de la part des fabricans de sucre indigène, ceux qui ont retiré de la protection nationale des fruits beaucoup plus avantageux, à s'opposer à un soulagement que réclament leurs frères en production.

« Un développement de production n'est pas possible à prévoir aux colonies, dit le comité , parce que rien chez elles ne s'y prête, ni le sol, ni les bras, ni les capitaux. Elles n'ont pas de capitaux, ou ne les obtiennent qu'à un taux exorbitant, parce qu'elles ploient encore sous le poids de leurs anciennes dettes , et qu'elles ne peuvent offrir aux prêteurs des garanties hypothécaires. Elles n'ont pas de bras, parce que la traite ne se fait plus, et qu'indépendamment des éventualités que récèle le grand principe d'émancipation, la reproduction de leur population noire suffit à peine à leurs besoins actuels. Leur sol est épuisé , parce que , soit leur propre faute, soit celle de la législation métropolitaine, elles en ont abusé depuis quinze ans; parce qu'elles ont déjà attribué à la canne à sucre toutes les terres où se cultivaient le café et le coton; parce qu'elles ont déjà mis en culture tous les nouveaux terrains qui pouvaient l'être avec profit; parce que leur production actuelle ne se soutient qu'à l'aide des perfectionnemens récemment appliqués aux anciennes exploitations. »

Il y a dans les lignes qui précèdent autant d'erreurs que de mots, et ce qu'il y a de pire encore, c'est que la mauvaise foi vient aggraver l'erreur; en effet, jamais il ne fut permis de substituer avec plus d'assurance à la réalité et aux faits, les souhaits de son intérêt personnel et l'oubli du respect dû à la vérité ; car d'une part si le travail libre prend un jour avec succès la place du travail esclave, qui sait dire le nombre de bras que pourrait occuper le sol de la Guyane française? Lui seul est susceptible d'un développement tel qu'on peut y trouver, en terrains vierges, en terrains d'une fertilité proverbiale, de quoi planter des cannes pour fournir à une consommation plus considérable que celle de la France. Quant aux capitaux, ils sont aussi abondans aux colonies que le comporte la population de ces contrées, et ils y abonderaient, si le pays avait des gages d'avenir qu'il serait facile de lui donner. Le commerce n'obtenait ses escomptes, en 1814, qu'à quinze et dix-huit pour cent l'an;

aujourd'hui le papier de banque se fait depuis 7 jusqu'à 10 pour cent; et si la propriété coloniale n'offre pas de garantie aux prêteurs, que l'on s'en prenne aux lois qui sont appliquées aux colons : aux lois que promulguent les législateurs métropolitains. Ceux-ci, on peut le dire, ne se sont pas montrés, dans la discussion sur les besoins et sur la situation des colonies, beaucoup mieux informés que les cultivateurs de betteraves.

Loin que la cessation de la traite des noirs ait mis en péril l'agriculture coloniale, il est au contraire reconnu et avéré que les colonies ont assez de bras pour leur culture, et qu'elles en auront bientôt plus qu'il n'en faut, comme déjà quelques colonies anglaises en fournissent la preuve; et cela précisément *parce que la traite ne se fait plus.* La population noire (1), assise aujourd'hui sur des bases solides et bien équilibrées, prend un accroissement que tous les documens officiels constatent, et que des éventualités d'émancipation ne peuvent empêcher. Le sol n'est pas épuisé; jamais il ne fut plus fertile et plus productif, grace aux agronomes du pays qui ont ajouté, comme M. Morel de Vindé, par la découverte de nouveaux engrais, à la fécondité naturelle de la terre. Il n'est pas exact de dire que la culture de la canne à sucre ait envahi toutes les terres destinées par la nature au café et au coton, pas plus

(1) Appendice, n° 3.

qu'il ne serait exact de dire que les terres envahies
en France par la production artificielle du sucre
de betteraves, ont remplacé celles où il eût été
aussi utile au moins aux intérêts ruraux du pays
de planter du froment ou des graines oléagi-
neuses.

La production actuelle des colons ne se soutient,
dites-vous, qu'à l'aide des perfectionnemens?
Qui peut vous autoriser à parler ainsi, vous qui,
par vos amis et intéressés dans les chambres, avez
fait introduire dans la loi financière qui régle-
mente la tarification des sucres, un amendement
pour défendre aux colons le perfectionnement de
leur production, sous peine d'une surtaxe de quinze
francs par quintal. Cet amendement atteint un double but : il empêche de livrer au consommateur une
qualité de sucre qui n'aurait pas besoin de l'intermédiaire coûteux du raffineur ; il rend la lutte
à soutenir contre le sucre indigène plus difficile
et plus désavantageuse au sucre colonial. Mais le
contribuable, que doit-il dire? qui le représente,
qui a défendu ses intérêts à la chambre? Lui qui,
dupe de sa propre mystification, a la bonhomie encore de montrer du doigt le colon qu'il croit pro-
tégé et privilégié, lui qui va même jusqu'à l'appeler monopoleur, au moment où la production coloniale se voit fermer tous les marchés !

On ajoute que la moindre quotité de l'impôt, ne serait à adopter dans l'intérêt des colonies, que si elles produisaient et pouvaient pro-

duire plus de sucre que la France ne leur en achète et ne leur en achètera. Mais à quoi donc servent les chiffres et les calculs du commerce, si l'on est encore à dire que la France absorbe tout ce que produisent ses établissemens? M. le comte d'Argout était donc dans l'erreur lorsque, présentant, en 1832, la loi d'avril 1833, il établissait officiellement que le chiffre de la production coloniale surpassait d'un quart celui de la consommation? A quoi bon cette constatation authentique de la baisse progressive du prix moyen, chaque année, et de l'augmentation en même temps des quantités existant en entrepôt? Au Havre 75 fr. le 31 décembre 1832; 71 fr. le 31 décembre 1833, et 64 fr. 50 c. le 31 décembre 1834. Dans les entrepôts du royaume, 11 millions de kilogrammes existent en 1833; il y en a 20 millions au 31 décembre 1834. Cet excédant, il est vrai, ne prouve rien, selon le comité, « parce que la plus grande partie, déjà vendue, ne reste en entrepôt que pour compte des spéculateurs. » Qu'importe cette spéculation aux intérêts coloniaux qui n'ont à constater que l'excédant de chaque année, sur les besoins de la consommation? Dans une dépréciation périodique des prix de vente, les habitans des colonies ne peuvent voir autre chose qu'une confirmation de leur opinion, sur le triste sort réservé à leurs denrées, n'ayant pas pour les écouler une issue autre que le marché français.

Que penser d'un argument pris dans les doléances de la raffinerie sur l'insuffisance des approvisionnemens? Comme si l'on pouvait être dupe encore de ces doléances de raffineurs, qui n'avaient d'autre but que d'obtenir le *draw-back*, stipulé dans la loi d'avril sur les sucres étrangers, de même qu'il faut aujourd'hui des doléances de commande aux fabricans de sucre indigène, afin que leurs produits restent scandaleusement protégés. Les colons n'ont-ils pas raison de dire que, pour attaquer leurs intérêts toutes les armes sont bonnes. « L'industrie des fabricans de sucre de » betteraves va livrer à la consommation, en 1835, » dit-on, une quantité qui dépassera 30 millions » de kilogrammes.» En 1834, elle n'avait livré que 20 millions. Chaque ligne du mémoire prouve ainsi les développemens de la fabrication du sucre indigène, et avec les développemens de cette prospérité grandit l'exigence des fabricans!

En adoptant le chiffre large de la consommation, celui de 100 millions de kilogrammes établi par le comité, bien que l'administration elle-même le conteste pour ne pas avoir à avouer les compensations que l'abaissement des tarifs offrirait au trésor, il est clair, après que les fabricans de sucre indigène auront pourvu à 30 millions, qu'il n'y aura, en 1835, place que pour 70 millions de kilogrammes de sucre colonial. Mais depuis plusieurs années le minimum des importations n'a pas été au-dessous de 75 millions de kilogrammes : ainsi les chiffres groupés par les adversaires des colonies eux-mêmes autorisent les colons à s'alarmer, dès à présent, sur l'envahissement du marché intérieur par une industrie protégée à leurs dépens; et cela dans le moment même où la loi d'avril prononce leur expulsion des raffineries, car le sucre étranger y arrive sous des conditions meilleures. Restera, il vrai, l'entrepôt, d'où leurs denrées sortiront pour contribuer seules aux 52 millions que le génie financier de la France se croit sûr de trouver là.

Les colons ne peuvent même plus trouver au fond de la boîte une espérance fondée sur les progrès de la consommation, car le comité voit à ces progrès des obstacles insurmontables énumérés à la page 217 de son mémoire, et résumés ainsi :

« Nous disons que la consommation du sucre a des limites plus étroites, ou du moins plus difficiles à franchir, que chez d'autres peuples. Ainsi nous sommes fort peu touchés de l'énorme quantité de cette denrée qu'absorbe chaque habitant du Royaume-Uni : car, en aucune branche gastronomique, il est douteux que le Français s'élève jamais (cela soit dit sans blâme ni éloge) à la puissance consommatrice de ce peuple. »

Ces limites naturelles posées à l'accroissement de la consommation du sucre en France, plaident énergiquement en faveur de l'intérêt colonial; et dans l'argument même du comité, il y a preuve

du peu de libéralité des fabricans de sucre indigène à repousser la supplique des colons. Quant
à la comparaison de la puissance consommatrice
des Anglais et des Français, on doit croire que les
caricatures et les charges de théâtres sont de
mauvaises archives à consulter, pour résoudre un
problême économique basé sur une juste appréciation des développemens dont la puissance
consommatrice d'un peuple est susceptible.
Si l'on opposait au chiffre de la consommation
de thé et de sucre dans la Grande-Bretagne,
celui des hectolitres de blé et de vin, qui sont
la base de l'alimentation en France, sans pourtant en être l'élément exclusif partout où la fortune et les salaires permettent d'en ajouter d'autres, on verrait de suite ce qu'il y a de puéril et
d'oiseux dans l'argumentation du comité. Lorsqu'il s'agira de justifier et d'augmenter même des
terreurs simulées de la part du fisc à l'idée d'une
réduction de taxes, les colonies auront le droit
de demander que les observations physiologiques
soient puisées à des sources sérieuses. Ils persis-
teraient autrement à ne pas voir ailleurs que dans
l'abaissement des tarifs, les causes de l'immense
progrès que la consommation du café, par exemple, a faits en Angleterre. De 1808 à 1826, les
cafés sortis de l'entrepôt pour la consommation
intérieure ont payé au trésor, en moyenne, un droit
de 3 millions 600 mille francs : lors de l'abaisse-

ment du tarif, descendu en 1829 de 2 shillings à
6 pence (de 50 sous à 12 sous et demi), le fisc
a perçu douze millions. Cependant, le café est
une branche gastronomique où la puissance
consommatrice de la France est au moins égale
à celle de l'Angleterre.

Le comité, après avoir demontré, à sa manière,
qu'une réduction de droits serait impuissante
pour donner aux colons une production plus
forte, et à la consommation un débouché plus
large, a découvert encore « comme vous l'avez
indiqué vous-même, monsieur le ministre, »
(page 24) que les colons en demandant cette
réduction, n'ont que le désir d'arriver à de meil-
leurs bénéfices. « Illusion d'autant plus grande
» que la spéculation ne leur laisserait aucune part
» dans la portion du droit auquel le trésor au-
» rait renoncé. »

A pareils argumens que répondre? Se fait-on
idée de la spéculation haussant les prix sans que le
producteur en profite? Se fait-on idée du producteur, pieds et poings liés, ne pouvant arriver
directement aux sources de la consommation sans
se laisser enlever par la spéculation une part de
son prix de vente? et c'est à *monsieur le ministre,*
qui a la cause des contribuables entre ses mains,
que l'on s'adresse! C'est à lui que les fabricans de
sucre indigène osent signaler, en leur qualité
de contribuables, « la perturbation que jeterait

3

» dans les finances une diminution du droit colo-
» nial. »

Il est vrai que ces fabricans désintéressés dont les colons à leur tour vont avoir à dissiper les illusions, avaient là une bonne occasion pour dire à monsieur le ministre qu'ils « savent ce qu'ils paient en contributions et par conséquent ce que coûte la qualité de producteur français!...» (Page 26).

« Quant aux colons, nous les prions de nous dire s'ils connaissent chez eux les impôts foncier et mobilier, les contributions indirectes, les octrois, et s'ils paient autre chose qu'une capitation fort modérée sur les esclaves et un modique droit d'entrée de 1 pour cent sur leurs consommations principales. Nous leur demanderons si, en conscience, toutes les charges que nous supportons trouvent un équivalent dans le droit qui est imposé chez nous à leurs produits, et qu'ils ne paient pas? Ou nous nous trompons fort, ou ce n'est pas là de l'égalité. »

Quoi! tous les documens officiels que publie le ministre de la marine, tous ceux que font imprimer et distribuer les délégués des colonies (1) n'ont pas encore fait connaître à la France entière que les colons paient des contributions! La Guadeloupe 2,081621 francs par an; la Martinique 2,192,717; Bourbon 1,395,860 et Cayenne 622,200 fr.! Que faut-il donc faire, et quel mode

____

(1) Appendice, n° 3.

de publicité employer pour que ces budgets arrivent à la connaissance du comité, et lui apprennent, qu'à part quelques différences de désignation et de forme, les colons paient chez eux d'énormes impôts assis sur les bases analogues à celles des taxes payées en France : qu'il importe peu comment, et sous quel nom, les charges intérieures d'une population de cent mille libres, hommes, femmes et enfans, arrivent à une somme annuelle de 7 millions de francs, ce qui fait 70 francs par tête, tandis que *dans la vraie France où se fait le sucre de betteraves*, chacun ne contribue que pour 39 fr. à un budget de 12 cent millions qui n'est pas probablement un budget normal.

Les colonies seront-elles obligées, en désespoir de cause, d'employer des colporteurs à l'instar des marchands de *papier-weynen*, et, pour l'instruction du comité, de faire imprimer des budgets coloniaux sur les chapeaux cirés de ces affiches-ambulantes ? Peut-être alors leur ferait-on grace enfin de cette argumentation contre leur prétendu affranchissement de taxes intérieures.

Il est vrai, encore une fois, que, sur les états de recette, l'impôt des colonies ne s'appelle ni foncier, ni mobilier, ni octroi. Qu'importe ? Dira-t-on que Paris est sans gendarmes , parce que la gendarmerie s'appelle garde municipale? Dans des pays constitués comme les colonies où les productions du sol n'ont qu'une seule porte de sortie, où il est défendu de raffiner le sucre que l'on fabrique, et même de l'épurer, il est aisé de comprendre comment un droit unique, un droit fixe supplée à tout. Cette taxe, désignée sous le nom spécial de *droit colonial*, est d'une perception facile, d'une perception qui n'entraîne aucuns frais, étant sur une simple liquidation en douane, perçue à la sortie des denrées.

A cette taxe viennent se joindre encore l'impôt sur les maisons et sur les nègres de ville, ou de petite culture, la contribution des patentes, les licences de tavernes et de cabarets, et les impôts sur les distilleries et les chauffourneries. Est-cc là ne pas payer de taxes intérieures ?

Passons à une autre leçon :

« Les sucres, dit le comité, se sont vendus, aux colonies, au commencement de mars dernier, à raison de 27 fr. les 59 kilogrammes, ce qui, avec le décompte de la tare, qui est de 17 pour cent, donne au vendeur un prix réel de 28 fr. 89 cent. De leur côté, les sucres indigènes ont été livrés à Paris, il y a peu de jours, pour 45 fr. 25 cent.; ce qui, lorsqu'on en retranche 9 fr. 97 c. pour la tare, le transport, la commission et le ducroire, représente sur le lieu de production 35 fr. 28 cent. La différence de 35 fr. 28 cent. à 28 fr. 89 c., est de 6 fr. 39. »

Cette protection d'une industrie française au détriment d'une autre, est déjà une injustice; mais le comité savait ce qu'il voulait en calculant comme il l'a fait; car il ne peut pas ignorer ce qu'on n'ignore pas dans les comptoirs d'un négociant de Saint-

Vaast, du Croisic ou de Bandol. Les sucres bruts ont été vendus 27 fr : soit. Les colons admettent ce chiffre pour suivre leurs adversaires sur leur propre terrain; car, en définitive pour eux, souvent forcés d'être expéditeurs, la valeur de leurs revenus ne se précise en chiffre qu'en France. C'est dans les prix des entrepôts, ou dans ceux de la consommation métropolitaine, que le planteur trouve donc la garantie des fruits de son travail. Or, ces prix, depuis deux années, déduction faite des frais du commerce maritime, n'ont pas dépassé 20 francs par quintal. (1)

Abordant les hypothèses et les doctrines du comité, les colons feront observer qu'il y aurait eu d'abord de l'impartialité à raisonner sur un prix moyen et non sur le chiffre exceptionnel des premières et rares qualités. Cependant ils n'ont pas besoin de chicaner, pas plus qu'ils ne contestent la nécessité du prix de 35 francs 28 c., pour le sucre indigène, déduction faite de commission, ducroire, transport, etc.

Mais il eût été également de bonne guerre d'établir exactement le *revient* du sucre colonial sur le lieu même de sa production, c'est-à-dire, sur l'habitation du planteur. Les colons de la Martinique et de la Guadeloupe vont suppléer aux connaissances du comité ou réparer les torts de sa bonne foi. Ils ne parleront pas du droit colonial

(1) Appendice n° 1.

qu'ils sont tenus de déduire du prix de vente pour être versé au trésor : il a été dit que c'était là, dans le pays, l'impôt foncier et mobilier.

Sur la tare, pas de bénéfice pour le planteur; il ne saurait où trouver ce franc et 89 centimes par quintal dont le comité fait une addition à son prix de vente. Une barrique vide sortant de ses magasins pèse de 100 à 120 livres; quand cette même barrique est pleine, son poids brut est de 1,000 à 1,200 livres; ainsi en allouant une tare de 10 pour 100 à l'acheteur, les colons n'a-joutent pas un centime au prix de leur produc-tion. Si, en Europe, les usages du commerce ont voulu que la tare fût de 17 pour 100, c'est une différence de sept pour cent, tout entière au pro-fit de l'acheteur européen, mais qui, dans aucun cas ne peut s'ajouter, sur les lieux de la production, aux 27 francs du planteur.

Voici maintenant le compte que le comité devait faire, s'il avait su, ou s'il avait voulu être exact.

Perte de la futaille, abandonnée à l'acheteur, sur le prix de vente, suivant l'usage aux colo-nies . . . .   1 fr. 50 c.

Transport par 50 kilog. . .   1   50
Commission et ducroire . .   1   35
Menus frais du commerce,
roulage, magasinage, etc. . .   27   1/2

Ensemble . . . . .   4 fr. 62 c. 1/2

à déduire de 27 francs, qui ne sont pas, on le sait, le prix commun, mais bien le maximun des plus belles nuances.

Sur ce prix exceptionnel de 27 francs, il reste donc au planteur 22 fr. 37 1/2 cent., sans parler des risques de mer et d'embarquement, et surtout des risques du cabotage qui occasionne des pertes si fréquentes. C'est en définitive une balance de 26 fr. environ par quintal métrique en faveur du producteur indigène. Cette balance passe 28 fr., comparée aux prix d'entrepôt en France. Ces compensations paraîtront exagérées au comité lui-même, quand il sera bien sûr que des charges publiques sont supportées par les colons, et que « les immunités dont ils jouissent » (page 30), n'existent réellement que dans l'imagination des fabricans de sucre indigène.

Faut-il actuellement rappeler au comité le système de douanes qui pèse sur la consommation locale, et qui force le colon à payer, pour lui et pour ses travailleurs, la livre de viande 1 fr., et la livre de pain de 45 à 60 cent.? Faut-il parler des vêtemens et des autres besoins de la vie? de ceux de l'exploitation? tous arrivant surchargés de fret, de commission et de frais de toute espèce au profit du commerce français? N'y a-t-il pas injustice flagrante à fermer plus long-temps les yeux sur cette révoltante inégalité des charges et des prix de productions similaires?

« La question maintenant, dites-vous, est de savoir si nous serons choisis les premiers, pour subir la rude épreuve des principes du libre commerce, nous qui sommes les plus jeunes et par conséquent les plus faibles; nous qui accroissons la valeur du sol; nous qui répandons l'aisance et le goût du travail dans les campagnes; nous qui n'avons encore réalisé aucuns bénéfices; nous enfin dont le capital mobilier, inapplicable à tout autre emploi, serait anéanti du moment où il nous faudrait cesser nos travaux. »

Ici les colons se trouvent heureux de pouvoir calmer les terreurs du comité et des intérêts qu'il représente. Déjà par l'organe de leurs défenseurs légaux, ils ont déclaré être prêts à subir la première épreuve des principes de liberté commerciale les plus étendus. Ils revendiquent hardiment cette priorité qui effraie tellement le producteur du sucre indigène. Ont-ils tort, lorsque fatigués de servir de marche-pied à une industrie rivale, ils sont encore le point de mire des attaques incessantes et systématiques de certains organes de la presse; lorsque menacés de ruine et de destruction, ils sont entourés de calculateurs occupés à évaluer l'énormité de la charge coloniale pour la métropole?

Les fabricans de sucre indigène craignent la concurrence de leurs propres concitoyens, et c'est la concurrence du monde entier que les Français d'outre-mer appellent au profit des consommateurs métropolitains ! Que les fabricans continuent à répandre l'aisance et le goût du travail dans les campagnes de *la vraie France;* mais, pour atteindre ce but d'une généreuse philantropie, il n'est pas nécessaire d'employer des moyens qui jeteraient la misère et le dégoût dans les campagnes de leurs frères et compatriotes. Si la voix des cultivateurs de betteraves devait seule être entendue, il ne resterait plus aux colons français qu'une séparation à demander à une métropole qui leur est encore chère, mais dont le joug deviendrait intolérable.

La législature métropolitaine ne peut vouloir consommer la ruine des colons. Leur nationalité et leur éloignement même sont des titres suffisans de protection, quand même ils n'auraient point à faire valoir d'autres considérations d'intérêt matériel qui commandent à la France la conservation de ses établissemens d'outre-mer. Car l'agriculture métropolitaine elle-même trouve sa part dans les services que l'existence des colonies rend à l'industrie française.

Lorsque M. le ministre du commerce parlait à la tribune de l'exportation des céréales, 3o *fois* plus forte que les quantités de l'importation; quand il consignait dans les colonnes du *Moniteur* ce signe de la prospérité de l'agriculture française, il eût bien fait sans doute de dire à la législature et au public que les colonies françaises étaient les pays de destination de ces fructueuses exportations. Quand Bordeaux et son commerce, ennemis quelquefois si ardens de la cause coloniale, appelaient nos colonies des fardeaux pour la France, les colons, étonnés, répondaient que les exportations de vins de France étaient quatre fois plus considérables pour les colonies françaises que pour l'Angleterre; un tiers plus considérables pour les colonies françaises que pour le vaste continent des Etats-Unis, où il y a tant de souvenirs et de goûts français, et où l'abaissement des droits, par suite du traité des 25 millions, a atteint son périgée !... Qu'on cesse de dire que la France, achetant des sucres ailleurs, y trouverait le placement égal de ses vins et de ses farines de froment. Le commerce français, plus convaincu chaque jour du contraire, le proclame dans des pétitions récentes adressées aux chambres pour leur demander l'abaissement des tarifs sur les produits coloniaux.

Le comité parle de la consommation des denrées de *la vraie France*, *de l'impérissable France*, par les ouvriers de la fabrication de sucre indigène. Mais ces produits arrivent à ces ouvriers en chiffre mesquin et sans mouvement commercial, tandis que 500 navires portent les mêmes produits aux colonies, en chiffre décuple, occupent 8 à 9 mille marins, et donnent la vie au littoral de la France. A quel titre dépouillez-vous les ouvriers des ports, des droits et des fruits de leur travail, au bénéfice des ouvriers de vos fabriques? Pourquoi la France maritime perdrait-elle une des branches des combinaisons industrielles de son avenir ? « A nous l'avenir, » s'écrie le comité, avec orgueil ! Et pourquoi cette conquête de l'avenir, réservée aux fabricans de sucre de betteraves? C'est que leur production est jeune, et que la production coloniale date de loin.

« Au siècle où nous vivons, c'est un pauvre droit que le droit d'aînesse. Cette question d'ancienneté , d'ailleurs, a une autre face bien autrement sérieuse. La vieillesse amène avec elle l'épuisement, et présage la mort. Quant à la jeunesse, lorsqu'elle a déja beaucoup produit, que ne peut-on pas attendre de sa maturité ?»

Certes, les colons doivent avoir peine à comprendre ce droit d'aînesse qu'on ne leur dispute pas, sans doute parce que c'est un pauvre droit; ils n'admettent pas non plus le droit d'ancienneté de leur cultivation sur celle du sol de la France; droit qui, en effet, doit paraître insaisissable pour bien d'autres intelligences ; car peu importe la nouveauté du fruit arraché à la terre ; pour tout le monde l'âge du terrain qui produit résout mieux la question de fertilité. Comment concevoir la France argumentant de sa jeunesse contre les colonies ?

« Quatre cents fabriques, dit le comité, occu- » pent et salarient 150 mille personnes ! » Dans le nombre sont compris les travailleurs des champs. Les colons pourraient peut-être objecter que les bras de ces travailleurs n'étaient point inactifs avant la fabrication du sucre indigène, puisque ce nouveau produit a été demandé aux terres les plus fructueusement et les plus habilement cultivées. Mais cette fin de non-recevoir, quelque valable qu'elle soit, quand il s'agit d'une appréciation de travail, ne sera point invoquée contre les étranges conclusions des fabricans.

Le comité a de la sympathie pour les noirs. « Cependant sa philantropie n'est pas exclusive- » ment tropicale : il n'oublie pas les blancs de » France. » Si donc la question devait se décider par un rapprochement numérique, le comité veut un droit protecteur pour sa sympathie blanche. « Il proposera (et les colons ne s'y oppose- » ront pas sans doute) de mettre dans la balance » un de ces blancs contre trois nègres. » (Page 29).

Mais le comité mettra-t-il aussi la consommation des trois nègres, leur logement, leur habillement, les frais de maladie, etc., dans un plateau de la balance, et dans l'autre le misérable salaire de l'ouvrier blanc ? Car, sympathie à part, il y a pour les colons des considérations matérielles à faire valoir. Leurs ouvriers offrent au producteur ou au manufacturier métropolitain un placement plus large pour les résultats du travail national ;

les charges des colons envers la classe ouvrière sont plus lourdes. Or, de telles considérations ne sont pas sans valeur, lorsqu'il s'agit d'apprécier le mérite de deux industries rivales ou les droits respectifs de leur production, à une diminution de taxe ou de protection.

Au reste, le comité qui a comparé la puissance consommatrice des Anglais et des Français, et la puissance des sympathies qu'il faut avoir pour des blancs ou pour des noirs, compare aussi la puissance productrice du commerce des ports et celle des villes de l'intérieur. Les colons ne le suivront pas dans ce bizarre raisonnement (page 54), dont il résulte : que les ports de mer ne sont en France qu'au nombre de 6, qui profitent du commerce des sucres de cannes ; que leur population réunie ne va pas à 600 mille ames, et que si l'on veut bien, pendant quelques années encore, donner aux fabricans de sucre de betteraves une somme de 50 fr. par 100 kilogrammes, ils s'engagent à fournir seuls à la consommation, les 80 millions de sucre qu'elle absorbe, et à procurer de leur côté, l'existence à une population de 600 mille ames : d'où il résulte encore que l'importance du travail créé par leur industrie est, suivant, eux à l'importance du travail créé dans les ports de mer par l'importation des sucres de cannes comme 6 est à 1 1/2, raisonnement que les colons peuvent ne pas combattre, et qu'ils feront bien même d'abandonner aux *Saumaises* présens et futurs de l'économie politique.

Il faut voir maintenant s'il est facile aux colonies de démontrer plus clairement qu'il y a de l'exagération dans la description faite par le comité des avantages à écheoir à la culture du sol de la France, par suite de sa conquête d'une industrie nouvelle.

Un hectare, semé en betteraves, produit dans les bonnes terres 2500 kilogrammes ; et même dans les départemens du Nord et du Pas-de-Calais, ce chiffre de production peut atteindre 3000 kilogrammes. Le comité a évalué à 100 millions de kilogrammes la consommation de la France : sur cette base libérale, 40 mille hectares de terre produiraient, à la basse évaluation de 2500 kilogrammes, la consommation entière de la France. Accordant 50 mille hectares, c'est sur cette surface exiguë du territoire de la France que s'accompliraient tous les prodiges d'agriculture annoncés par la betterave !

Il y a aujourd'hui tant d'avantages, tant de profits pour les industriels qui s'occupent de cette exploitation, que le même sol reçoit tous les deux ans la racine de la betterave. Accordant encore, dans l'intérêt même d'une bonne rotation, que la même terre ne travaillât que tous les trois ans, il y aurait dans *l'impérissable* France 150 mille hectares de terre seulement favorisées par la conquête que le sucre indigène veut faire du marché de la consommation intérieure, au détriment des quatre colonies de la France *périssable*, Or, la *vraie* France a 22 millions d'hectares de terres arables. Que la culture de la betterave doublât ou triplât d'importance, elle n'arriverait pas à couvrir la moitié des terres arables d'un seul département; et les colonies françaises, en farines de froment seulement, exportent annuellement neuf millions de kilogrammes! C'est dans cette exportation que M. le ministre du commerce a puisé des argumens en faveur de l'intérêt rural de la France, pour appuyer la législation actuelle des céréales! Si les colons demandaient aux Etats-Unis, ou même en échange de leurs sucres, aux entrepôts de la Méditerrannée, les céréales qu'ils consomment aujourd'hui; si, modifiant leurs habitudes, en raison de leurs nouveaux rapports, les colons restreignaient ou cessaient leur consommation de vins de France, peut-être alors s'apercevrait-on que la retraite de ces consommateurs causerait à deux branches principales de l'agriculture métropolitaine assez de dommages pour que la fortune publique n'en trouvât pas l'équivalent dans la prospérité de l'industrie eunuque des fabricans de sucre indigène.

On parle fièrement du nombre de bras employés par cette fabrication; mais 30 ouvriers, hommes et femmes, suffisent à la fabrication quotidienne de 1000 kilogrammes de sucre de betteraves. Pour les 100 millions de la consommation, il faudra 3 millions de journées; ce qui donnerait de l'emploi à 25 mille ouvriers par jour, pendant 120 jours, ou pendant l'année à 8 mille et quelques cents personnes employées tous les jours. Que l'on ajoute, si l'on veut, à ce nombre de travailleurs celui des travailleurs de la terre, et qu'on veuille bien dire, si ce développement de travail, tout à fait hypothétique, peut soutenir la comparaison avec le développement qui résulte aujourd'hui du mouvement industriel d'un immense capital maritime, agricole et manufacturier, garantissant au pays l'emploi constant de 8 à 9 mille matelots, et des échanges commerciaux, dont la valeur dépasse annuellement cent millions de francs; en même temps que ce capital pourvoit aux besoins de plus de 300 mille travailleurs coloniaux. A moins, cependant, que la nature particulière des sympathies du comité, ne voie pas pour les deux-tiers de ces ouvriers noirs la nécessité de vivre.

Après avoir longuement cherché à établir la justice de l'impôt qui écrase la production coloniale, le comité des fabricans de sucre indigène s'est enfin décidé à aborder la seule question dont il eût dû s'occuper, *celle de la création ou du refus par les chambres d'un impôt sur les sucres de betteraves*. Il a consacré à cette thèse la seconde partie de son mémoire. Les colons n'auraient

que d'imprudens amis dans ceux qui toucheraient
trop fortement cette nouvelle corde du litige, surtout dans l'intérêt exclusif de l'industrie coloniale.
C'est aux fabricans de sucre de betteraves à ne pas
se laisser aborder par le fisc; à eux d'effrayer M. le
ministre des finances sur « le dédale d'incerti-
» tudes et de difficultés, sur l'énormité des mé-
» comptes, sur le concert de plaintes et de récri-
» minations, » qui accueilleraient la création
d'une taxe imposée au sucre indigène.

PLANTEURS ET HABITANS DES COLONIES FRAN-
ÇAISES! tout a été dit, tout a été écrit pour la
défense de vos intérêts. Pièces officielles insérées
au *Moniteur* par le ministre de la marine, discours éloquens prononcés à la tribune des chambres par vos délégués-députés; communications
importantes aux journaux, ou brochures publiées
par vos délégués-colons, rien ne manque pour
que la question coloniale, posée dans des termes nets et précis, soit mise sous les yeux des
hommes qui voudront l'examiner avec impartialité. Justice vous sera-t-elle faite? qui peut vous
la refuser encore, sinon le préjugé ou la vio-
lence? Mais la faiblesse appuyée sur le droit
a quelquefois ses armes aussi.

C'est à des armes de ce genre que les colons
doivent recourir. Qu'ils les mettent aux mains
de ces modestes législatures coloniales dont la métropole a permis l'existence. Des assemblées lé-

gales peuvent réclamer hautement l'émancipation commerciale et la liberté de l'industrie pour les colonies françaises. C'est alors que cesseront toutes les déclamations contre l'utilité de ces colonies, et toutes les accusations de priviléges et de monopole. Car, à moins d'un mépris systématique pour les simples notions de la justice, on sera forcé de convenir que les colons français ont au moins le droit de demander ou une émancipation ou une égalité de charges. On ne peut exiger en effet qu'ils se soumettent en aveugles aux conséquences désastreuses d'un système qui n'aurait d'autres bases que les caprices de la force ou les calculs de la mauvaise foi.

Eh bien ! ces conséquences sont patentes dans les combinaisons de M. le ministre des finances lui-même. La concurrence du sucre indigène et l'accroissement de cette production doivent nécessairement faire baisser les prix ; et peu importe à M. Humann que la consommation ait grandi par l'avilissement des prix, et que le planteur ruiné ait fait les frais de cet agrandissement. Certes, aussi long-temps qu'il y aura quelque espoir de succès, les colonies soutiendront la lutte contre cette inflexibilité du fisc. Mais le fisc peut-il spéculer sur une longanimité qui n'est probable qu'à cause de son principe patriotique difficile à détruire ? Peut-on fonder sur cette longanimité des calculs de longue et de sûre perception sans danger réel

pour les intérêts fiscaux de la vraie France? un
pareil état de choses pourrait-il durer long-
temps ?

Quelle que soit la dose de patience des colons
français, il semble que le jour où l'injustice impitoyable de la métropole leur serait irrévoca-
blement démontrée, il deviendrait bien difficile
qu'ils ne cherchassent pas à employer les remèdes
auxquels leur position géographique leur permet
d'avoir recours. On les a souvent accusés sans raison d'introduire des sucres étrangers en fraude;
mais quand leurs propres sucres n'auront plus de
placement possible sur le marché métropolitain,
envahi par le sucre de betteraves, force leur sera
bien d'essayer les marchés des îles ou des contrées
sans douane qui les avoisinent et qui leur offriront encore quelques chances de salut.

En pareil cas, toute la surveillance doua-
nière de la métropole ne pourrait empêcher
la moitié au moins des recettes de passer par
Saint-Thomas, Saint-Barthélemi et Saint-Eus-
tache. Alors le commerce français aura la
douleur de voir revenir ses navires sur lest,
quelle que soit la colonie à sucre à laquelle ils auront été expédiés. Car si les fabricans de sucre
indigène ont assez de puissance pour fermer le
marché de la France à une production française,
combien ne leur sera-t-il pas plus facile d'empêcher les productions étrangères d'arriver sur ce

marché? Qu'en résulterait-il? Un dommage pour le bien-être de la population des ports et du littoral de la France. Faible considération. Les fabricans n'ont-ils pas assez bien calculé et prouvé que, dans la balance des intérêts généraux de la France impérissable, un producteur de betteraves est à un armateur comme 6 est à 1 et demi ?

Tel serait donc l'avenir promis à la France maritime et coloniale! Non, la chose n'est pas possible et des lieux mêmes où l'on osait tramer leur destruction, l'on viendra au secours de ces grands intérêts. Déjà l'égoïsme du mémoire accusateur a effrayé de nombréuses industries dans la capitale et dans les ports de mer. Le commerce maritime, la navigation, les manufactures, l'agriculture elle-même, menacés que sont tous ces intérêts par la réduction ou la suppression de leur aliment le plus puissant, feront entendre leur voix dans les chambres. La marine militaire , blessée dans ses justes susceptibilités, parce qu'on a douté mal à propos de la conservation des pays qu'elle défend, a dû voir avec douleur mettre en question l'utilité de sa propre existence. Le trésor lui-même cédera à tant de cris, quand ses recettes affectées par l'importation décroissante des sucres de cannes lui auront enfin démontré que sa triste économie politique a porté ses fruits.

C'est aux chambres de commerce à seconder cette tardive sympathie qui se déclare sur des points nombreux et importans en faveur des colons français. Une délibération de la chambre de commerce de Paris vient d'appeler l'attention de M. le ministre du commerce sur cette grave question de l'abaissement des tarifs du sucre colonial. Les pétitions de Bordeaux se sont renouvelées à ce sujet devant les chambres. Soixante maisons de commerce du Havre, viennent d'adresser aussi une pétition à la chambre des députés (1) par l'intermédiaire de l'un des représentans de cette riche cité dont les intérêts touchent de si près à ceux de la capitale et de tout l'empire. M. le ministre des finances restera-t-il sourd aux réclamations unanimes des chambres de commerce de France?

Théodore Lechevalier.

(1) Appendice n° 1.

APPENDICE.

(N° 1).

LÉGISLATION DES SUCRES.

Pétition du commerce du Havre, adressée à Messieurs les président et membres de la chambre des députés.

Messieurs,

La loi d'avril 1883, qui a changé la législation des sucres, était indispensable dans l'intérêt du trésor public, qui, en continuant à payer en primes sur les sucres raffinés exportés environ 50 fr. par quintal métrique de plus qu'il n'avait reçu en droits sur les sucres bruts importés, ne pouvait pas tarder long-temps à avoir à rembourser autant et bientôt après plus qu'il n'avait reçu. Une aussi forte prime était d'ailleurs un trop grand appât à la fraude, qui, chaque année, s'organisait plus systématiquement ; et, d'un autre côté, si nos îles à sucre, du moins celles de l'Amérique, depuis la suppression de l'odieux trafic de la traite, ne peuvent plus augmenter leur production, il n'en est pas de même des sucreries indigènes, dont le nombre s'accroit continuellement, et dont les produits, sans avoir payé aucuns droits, recevaient cette prime, et reçoivent aujourd'hui le drawback, sans qu'il soit possible de l'empêcher. Il est, en effet, impossible de distinguer la provenance de la betterave de celle de la canne ; et d'ailleurs, en admettant que l'exportation ne porte que sur les produits coloniaux, les quantités qui en sont exportées sont remplacées dans la consommation par des sucres indigènes, et le résultat est le même pour le trésor. Il est facile de calculer et de prouver que, sans cette nouvelle production, les sucres coloniaux ne feraient qu'alimenter la consommation du pays, sans offrir d'excédant à exporter, et que par conséquent les sacrifices énormes faits par le trésor avant la substitution du simple drawback à la prime étaient dus aux sucres indigènes, qui en ont presque seuls profité. Les deux espèces de productions réunies donnaient et donnent de plus en plus un excédant qu'il faut nécessairement déboucher à l'étranger. Dans le système du drawback, le trésor a vu diminuer ses pertes ; mais elles tendent à augmenter, parce que, la production du sucre indigène prenant d'année en année un accroissement plus considérable, et le monopole exercé sur la production coloniale forçant la totalité de cette production à venir sur nos marchés exclusivement à toute autre, l'abondance amènera bientôt une baisse assez forte pour forcer les producteurs colons d'abord à produire moins, puis à cesser presque entièrement de produire, et à laisser le champ libre aux sucres de betteraves. Ainsi ces sucres jouiront de plus en plus d'une remise de droits qu'ils n'auront pas payés. C'est là-dessus que nous appelons l'attention des chambres et de l'administration, et qu'il nous importe d'éveiller leur sollicitude.

L'extraction du sucre de la betterave peut être sans doute appelée une belle découverte ; elle en serait une précieuse pour le pays s'il ne possédait ni colonies à sucre, ni commerce maritime, parce que cette conquête de l'industrie serait une grande source de richesses de plus. Il n'en est pas de même lorsque cette industrie vient ruiner une industrie rivale à laquelle des capitaux considérables ont été depuis long-temps consacrés, lorsqu'elle vient causer un préjudice notable à d'autres nombreuses industries que fait prospérer sur le littoral la navigation au long-cours, lorsqu'elle vient détruire en partie cette navigation, et saper jusque dans ses fondemens la puissance maritime du pays. Puisque c'est la marine marchande qui recrute celle de l'état, est-il d'une bonne politique, et convient-il à un bon gouvernement, qui doit une protection égale à tous les intérêts, de continuer à accorder plus long-temps à cette industrie une faveur comme celle dont elle jouit? Nous ne le pensons pas, et nous avançons hardiment que déjà, et depuis plusieurs années, une grande faute a été commise. Le gouvernement aurait dû, sinon mettre dès le principe un impôt sur cette production pour en arrêter la trop grande extension, dont il était facile de prévoir les effets désastreux que nous signalons, au moins abaisser les droits dont sont frappés les sucres coloniaux. Ces droits, de 49 fr. 50 c. les 100 kilogr., décime compris, qui déjà excèdent de beaucoup la valeur commune de ces sucres, calculée à la sortie *de la plantation du producteur*, où elle n'est aujourd'hui que de 15 à 20 fr. les 50 kilogrammes, bientôt, avec l'abaissement inévitable et prochain des prix, seront doubles de cette valeur locale. Voilà deux produits similaires en présence, français tous deux, dont l'un supporte une taxe énorme, et l'autre en est complètement exempt, et profite de toute l'élévation qu'ajoutent aux prix de vente les droits dont est frappée la production rivale. Il y a là une injustice trop patente pour que nous cherchions à le démontrer. Nous ne nous dissimulons pas la défaveur qui s'attache à signaler au fisc un aliment nouveau ; mais c'est un malheur de notre position auquel nous devons nous soumettre. Il existe deux genres de remèdes à apporter au mal dont nous nous plaignons. Le premier, que nous préférerions, serait de retirer toute espèce de droits sur les sucres coloniaux, si le trésor peut se priver de cette branche de revenus. Le second serait de réduire ces droits à 20 ou 25 fr., au plus, par quintal métrique, et d'asseoir une taxe équivalente sur le sucre indigène, afin que les deux produits soient placés sur le même niveau. Une justice rigoureuse envers les colons commande l'une ou l'autre de ces mesures. Si c'est la dernière qui est adoptée, les producteurs de sucre indigène n'auront pas le droit de se plaindre. Le décret impérial du 15 janvier 1812 ne leur assurait

que pendant quatre ans l'exemption de toute espèce d'im-
positions, et le gouvernement, à différentes époques, et
notamment lors de l'enquête de 1828, les a prévenus qu'ils
devaient s'attendre à être imposés. Une forte réduction de
droits donnerait lieu à une augmentation de la consommation, qui pourrait devenir égale à la double production,
et ferait cesser entièrement la fraude, qui se fait toujours,
et qui est de deux espèces : l'une par introduction par les
frontières de terre, et l'autre par fausses déclarations de raffinés, qu'on n'exporte pas ou qu'on n'exporte qu'en partie, et sur lesquels on perçoit un drawback qui est encore
assez élevé pour couvrir le risque de ces opérations.

Si les mesures que nous sollicitons sont adoptées, les producteurs de la betterave jouiront encore de l'énorme avantage de trouver les consommateurs à leurs portes ; tandis
que les sucres coloniaux, pour arriver aux lieux dont leurs
rivaux sont si proches, ont des frais très considérables de
navigation à supporter, desquels les premiers sont exempts.
Si ces frais, qui s'élèvent de 30 à 35 fr. par quintal métrique, font payer d'autant plus cher à nos consommateurs un
article devenu indispensable, ils profitent à toute la population maritime. Si nos fabricans de sucres indigènes pouvaient livrer leurs produits sur les marchés les plus voisins
de leurs manufactures au même prix que les producteurs
coloniaux peuvent livrer les leurs sur les marchés de nos
îles, les bas prix profiteraient à nos consommateurs, ce qui
serait en apparence une compensation des pertes des ports
de mer. Mais, même dans cette hypothèse, cette industrie
porterait un coup funeste à notre puissance navale, ruine-
rait nos établissemens coloniaux, et causerait par là un
préjudice grave aux industries qui fournissent à la consommation de ces établissemens. N'est-ce pas dans le but d'ac-
quérir et de conserver cette puissance maritime que l'état
fait depuis si long-temps de si grands sacrifices en accordant
des primes très fortes à nos pêcheries ? A quoi serviraient

ces sacrifices, faits pour former des marins, si, par une espèce d'engouement pour une industrie plus brillante que
réellement utile, nous persévérions dans une voie qui tend
à réduire considérablement notre marine marchande, em-
ployée au transport des sucres, et par conséquent à diminuer
le nombre de nos marins. On calcule que la betterave four-
nit cette année environ vingt-cinq millions de kilogrammes
de sucres, qui, achetés dans nos colonies ou dans les autres
lieux de production, auraient donné de l'emploi à plus de
cent navires, et à un nombre considérable de marins.

Les conséquences de la persistance dans le système actuel
seraient désastreuses, et il faut se hâter de les prévenir au
moins en partie, car le mal est déjà bien grand, et tend à
s'augmenter chaque année: parce que, sous la protection
énorme ajoutée aux autres avantages dont nous avons fait
voir que la production indigène jouit, les bénéfices de cette
industrie sont aujourd'hui tels, qu'ils provoquent continuellement de nouveaux établissemens. Sans doute quelques
autres industries y trouvent de l'aliment, quelques fortunes
s'élèvent, un certain nombre d'hommes y trouvent du travail; mais, d'un autre côté, que de pertes à opposer à ces
bénéfices et à ces avantages! Pertes pour le trésor; pertes
pour la marine marchande, et, par suite, pour la marine
militaire; pertes, et même ruine complète, pour les colons;
pertes des créances du commerce sur eux; pertes encore
pour le commerce d'une branche considérable d'affaires;
pertes d'un débouché très-lucratif des produits de notre sol
et de notre industrie; pertes pour toute la population maritime. Et combien ces pertes pour le pays ne seraient-elles
pas plus grandes, si, pour ne pas ruiner gratuitement nos
compatriotes d'outre-mer, il fallait, comme ils ne manque-
raient pas de le demander, et avec justice, accorder le
commerce libre à toutes les nations avec nos îles à sucre;
en leur permettant de vendre cette denrée à qui en aurait
besoin et leur en donnerait un plus haut prix, et d'acheter

les objets de leur consommation de qui les leur fournirait à meilleur compte? Croit-on que, dans ce cas; les produits de notre sol et de notre industrie pourraient soutenir la concurrence des produits similaires de l'étranger? Non, sans doute ; et nous y perdrions un débouché très-considérable et que rien ne remplacerait, des profits énormes qu'y trouve notre industrie et que peu de personnes savent apprécier. Par exemple, d'après un calcul fait de la différence qui existe entre la valeur du coton brut que nous achetons de l'étranger, augmentée de celle des matières tinctoriales qui entrent dans la fabrication des étoffes de coton, et la valeur de ces étoffes que nous débouchons, année commune, dans nos colonies, il y a un gain de plus de dix millions pour le pays. Avec le commerce libre, nos colonies ne prendraient de nous que la dixième partie peut-être de ce qu'elles prennent aujourd'hui. Il en serait de même d'une foule d'articles que les étrangers fabriquent à meilleur compte que nous, ainsi que de nos farines et autres produits du sol, et de ceux de nos pêcheries, pour lesquelles l'état fait de si grands sacrifices.

Si vous voulez bien considérer, Messieurs, combien les intérêts des ports se trouvent liés à ceux des colonies par le commerce considérable qu'ils y font, par l'emploi de nos navires, à la plupart desquels on ne peut donner d'autre destination, par les débouchés qu'elles présentent lorsqu'elles prospèrent, et par les capitaux considérables qui ont été avancés aux colons, sous la garantie d'une législation protectrice, capitaux qui seraient perdus si ces colons étaient ruinés ou seulement appauvris ; si vous vouliez avoir égard à cette position, vous admettriez, Messieurs, que nous sommes fondés à plaider la cause des colons, en plaidant la nôtre. Nous ne concevons point les étranges préventions dont ils sont l'objet, ni les attaques aux-quelles ils sont livrés. Ce sont des Français comme nous ; leurs fortunes apartiennent à la France, où elles finissent par aboutir ; leurs revenus s'y dé-

pensent en grande partie ; et cependant on ne cesse de dé-
clamer que les colonies sont une charge, en exagérant d'une
manière inconvenable les frais de leur conservation. Menacés dans leur avenir, les propriétaires y voient leurs biens se
déprécier chaque année, au point qu'aujourd'hui personne
n'en veut acheter ; et si à tant de causes de destruction et de
ruine qui existent déjà pour eux vient se joindre l'extrême
abaissement de leurs sucres, causé par la faveur dont jouissent les sucres indigènes, ainsi que par les autres avantages
qui appartiennent à cette production, et qui ne peuvent pas
lui être enlevés, n'y a-t-il pas lieu de réclamer une prompte
intervention législative, qui remédie au mal, ou qui, du
moins, l'adoucisse ?

Il serait très pénible sans doute, si le trésor ne peut pas
renoncer à la totalité des droits sur les sucres coloniaux,
d'avoir à en mettre d'équivalens sur les sucres indigènes.
On ne manquera pas de décrier la nature de cet impôt et
de faire valoir l'avantage pour l'agriculture résultant de la
culture de la betterave ; mais du moment où cet impôt de-
vient une nécessité, il faut savoir s'y soumettre, ou renoncer
au revenu provenant des droits existans sur les sucres coloniaux. Et quant à l'agriculture, elle n'a que faire de la con-
version de la betterave en sucre. Cette racine, comme d'autres, peut être cultivée avec fruit et donnée aux animaux
en nature. En Angleterre, en Belgique, où l'agriculture est
portée à un si haut degré de prospérité, on n'a pas eu besoin, pour y parvenir, de faire du sucre de betteraves.
D'ailleurs, nous le répétons, la justice doit passer avant
tout, et elle demande impérieusement que la balance soit
tenue égale entre les sucres coloniaux et les sucres indigènes.
Nous attendons avec confiance que justice soit faite aux
nombreux intérêts en souffrance dont nous sommes ici les
organes.

Nous vous prions d'agréer, nos respectueuses salutations.

Larue et Palmer, Ve Millot, Toussaint et Ce, Lachemer,

J. Laheur et Hermé, F. Perquer et ses fils, Delaroche, Arm. Delessert, Vasse-Mancel, Balguerie et Ce, H. Damblat et Ce, Ve Homberg-Homberg frères, J. Larreguy, P. Masurier fils aîné, Privat cap^e, H. Koch et Ce, Paul Vignes fils, Guerin, Feray, Smith et Ce, Haguelon et Ce, Ach. Hébert, L.-A. Wouters et Ce, W. Regnault et L. Charropin, B. Sandon, Lamothe et Ce, Alex. Eyries, P. P. de Imbert fils et Ce, Joseph Martin, Théod. Roquer, Wanners-Langers et Ce, D. Ancel et fils, M. Foache et fils, L. Toutain, Sauvage et Soubry, P. Bauche, Vaquerie, P. Hauchecorne, F. Bay, Will et Ce, Emonet, Antoine Udin et Ce, G. Guenoisse, B. Chevallier, Levêque Durostu, Bois et Ce, Bourgeois et Regnault par proc. de Jules Hollard-Gerdret, Larieu-Peltier, A. Lemaistre et Dorey, Desmonts, Chaumers et Barbaley, F. Girod et fils C^e, Quesney et Bretelle, Boullet et Colback, A. Gaudin, etc., etc.

(N° 2).

EXTRAIT DU JOURNAL DU HAVRE DU 23 MARS.

Comparaison du prix de revient du sucre exotique et du sucre indigène.

SUCRE COLONIAL.

Achat à la Martinique de 100 barriques sucre brut, expédiées au Havre, au fret de 12 aiers (5 cent.) et 10 p. 0/0 par demi-kilogr., le déchet calculé à 5 p. 0/0.

100 barriques de sucre brut :

Pesant environ. . . . kil.	60,000	
Tare, 10 p. 0/0. . . .	6,000	

Net. . . . . kil. 54,000, à 20 fr. les 50 kilogrammes. . . . . fr. 21,600

FRAIS. — Tonneliers pour rebattage. . . . . fr. 700 }

Pesage, transports et menus frais. . . . . 150 } 1,066

Droit de sortie, 1 p. 0/0. . . . . 216 }

A ajouter :   fr. 22,666

Fret sur kil. 57,000 (le déchet étant calculé à 5 p. 0/0, soit 3,000 kil. . . . .

Tare 15 p. 0/0. 8,550 net, 48450 kil., à 100 fr. et 10 p. 100 les 100 kil. 5,329 50

Dr. de douane sur 48,550 k. à 49 50 les 100 k. f. 23,982 75 }

Escompte de 4 mois, 1. 1/3 p. 100   319 75 } 23,663

Pour tous frais, 2 fr. par barrique. 200

Courtage de vente, 1/4 p. 0/0. . . . . 138 15

Commission de vente et garantie. 3 p. 0/0 . . . . . 1,657 60

Escompte, 2 p. 0/0. . . . . . 1,100 }

Réfaction calculée à 5 f. p. barr. 500 } 1,600   32,588

Poids brut, kil. 57,000 55,254

Tare, 17 p. 0/0, 9,600, net 47,310, à 116 fr. 80 les 100 kil. 55,257

Nous avons choisi de préférence, pour notre point de comparaison, le sucre brut de Martinique, comme étant celui qui est le mieux fabriqué, qui est grevé de moins de fr dans la colonie, et qui fait le moins de déchet, et qui, par conséquent, rentre au meille marché en France. Nous admettons également l'hypothèse d'une vente immédiate à l'a rivée, sans frais de mise en magasin, de coulage et de retard ; supposons enfin la ven directe de l'importateur au raffineur, sans intermédiaire, afin qu'on ne puisse attaquer q la modération de nos calculs.

Le chiffre de 116 fr. 80 c. les 100 kil., ou 58 fr. 40 les 50 kil., se compose de :

27 fr. 76 c. { 23 fr. 96 prix du sucre colonial, augmenté du déchet de 5 0/0, et de différence de tare en France.

         { 4   80 commission, courtage, escompte et réfactions.

5   64 pour fret.

23   40 valeur en entrepôt }

25   » droit de douane } 48 fr. 40 valeur à l'acquitté.

Si du prix de. . . . . 27 fr. 76 c

on retranche les frais qui ne peuvent varier, quel que soit le prix, tels que rabattage et pesage aux colonies, frais et réfactions au Havre, ensemble 1,550 fr.

373   10 ✕ 2   soit. 1   64

et qu'on divise par 20 la différence. 26   12

Le produit 1 fr. 30 c. 6 nous donnera le chiffre d'augmentation ou de diminution de
1 fr sur le prix d'achat à la colonie, d'où nous aurons ce calcul, que le sucre colonial,
le déchet étant de 5 p. 0/0 et le fret moyen de 12 deniers ,

Au prix d'achat de . . . . 20 fr. 21 fr. 22 fr. 23 fr. 24 fr. 25 fr. 30 fr.
Revient en Fr. en entr. les 50 kil. 33 40 34 70 36 1 27 31 38 62 39 92 46 25
La différ. de 1 p. 0/0 de déchet
en produit une de. 26 27 1/2 29 30 31 1/2 33 39
La différence de 1 denier sur le fret, en produit une de 46 c. sur le prix de revient.

Prix moyen du sucre Guadeloupe et Martinique, nuance bonne quatrième, de 1815 à 1834.

1815 97 f.　　1819 76 f.　　1823 85 f. (*a*)　　1827 82 f.　　1831 66 f.
1816 93 f.　　1820 77 f.　　1824 76 f.　　1828 75 f. (*c*)　　1832 70 f.
1817 91 f.　　1821 68 f.　　1825 82 f.　　1829 73 f.　　1833 68 f. (*d*)
1818 92 f.　　1822 66 f.　　1826 77 f. (*b*)　　1830 72 f.　　1834 66 f. (*e*)

Tableau des importations du sucre brut en France, de 1826 à 1834.

	Martinique et Guadeloupe.	Bourbon.	Poids net en kilogrammes.	Prix moyen au Havre.	OBSERVATIONS.
	barr.	sacs.	kilog	fr.	
1828	135,500	221,280	81,026,800	75	Nous estimons le poids net réel
1829	142,700	234,472	85,418,320	73	des barriques à 500 kil., et celui
1830	123,600	381,347	84,480,820	72	des sacs à 60 kil. chaque, sans
1831	143,900	341,337	92,430,220	66	avoir égard aux tares de convention du commerce. — Nous prenons
1832	121,500	303,332	79,069,920	70	pour prix moyen celui du Havre, place de commerce qui oc-
1833	112,000	319,515	75,170,900	68	cupe le premier rang par la somme
1834	128,300	312,850	82,021,000	66	de ses importations, la régularité
	907,500	2,116,133	580,716,980		de ses affaires et de ses prix, et
Moyenne	129,643	302,305	82,959,880		la facilité de ses débouchés.

On voit que depuis 1828 le cours des sucres bruts en France a eu une tendance conti-
nuelle à la baisse. Le malaise général du commerce, de la fin de 1830 à l'année 1831, avait
provoqué une diminution considérable dans le prix, qui s'est relevé en en 1832, pour suivre de nouveau une marche descendante de 1833 à 1834. La cause principale de la baisse
pour ces deux dernières années, est attribuée à la modification qu'a subie la prime à l'exportation du sucre raffiné en 1833 ; mais comme il est à peu près évident aujourd'hui que
cette prime qui, dans les années 1828 à 1832, a fait sortir du trésor, des sommes considérables, n'avait d'autre résultat que d'alimenter et enrichir la fraude ; on ne peut méconnaî-
tre que le sucre indigène qui, en 1830, n'entrait que pour 1/9e à 1/10e dans la consommation générale de la France, et en 1834 déjà pour 1/5e, n'ait puissamment contribué à la
baisse du sucre colonial.

SUCRE INDIGÉNE.

Cette industrie, qui, sous l'empire, était dans l'enfance et qui, même sous la restauration, avait éprouvé des échecs qui faisaient douter de son avenir, est arrivée aujourd'hui
un dégré de prospérité tel qu'on ne peut plus nier son influence future sur l'importation
et la consommation du sucre en France.

Il résultait des rapports faits à la commission d'enquête qu'en 1830 la France possédai
environ 250 sucreries de betteraves produisant 10,000,000 kil. de sucre brut qui revenai
de 35 à 40 c.

Voici sur quelles bases était alors établi ce calcul :

Le coût des racines était de 8 f. les 500 kil., soit pour 1000 kil. . . . . 16 f.
Les frais de fabrication. 20
____

Le rendement étant de 5 p. 100. — Le coût de 50 kil. était de 36
A quoi on ajoutait pour bonification : sur la tare 5 p. 100, escompte 5 p. 100 ;
sur 40 fr. 4
____

Soit le prix auquel pourrait vendre sans perte le fabricant. 40

Ce chiffre ne comprenait pas l'entretien et la détérioration du matériel, l'intérêt d
capital circulant, frais qui étaient couverts par le produit de la pulpe, de la mélasse e
du noir d'engrais.

Le rapport d'un hectare était estimé, terme moyen, de 20 à 25,000 kil. de racines.

Aujourd'hui les racines se vendent, dans le département du Nord, 7 fr. les 500 kilog

Le rendement varie de 6 à 7 0/0, et le produit de 1 hectare de 30 à 40,000 kil.

En examinant les immenses progrès qu'a faits la culture depuis cinq ans, on ne peu
douter que la fabrication se soit également améliorée par une diminution de frais ; ma
en admettant qu'un rendement plus fort obtenu a nécessité un accroissement de dépense
et conservant alors par compensation les bases établies en 1830, nous trouvons que 1,00
kil. de racines, à 7 fr. les 500 kil. fr. 14
Les frais de fabrication de. 20
Et la différence de tare et d'escompte de. 4
____

Donnent pour le coût de 60 à 70 kil. de sucre brut. . . . . fr. 38

C'est-à-dire qu'au rendement de 6 0/0, 50 kil. coûtent $\dfrac{38\ \text{f.} \times 50}{60} = 31\ \text{f. } 67$

de 7 0/0, 50 kil. coûtent $\dfrac{38\ \text{f.} \times 50}{70} = 27\ \text{f. } 14$

On n'est pas encore bien fixé sur les circonstances agricoles de terrain, d'engrais et d
culture qui peuvent influer sur la richesse saccharine des betteraves ; mais on peut sar
crainte avancer que cette industrie est encore loin du degré de perfection auquel elle pe
atteindre. Ainsi, on peut espérer que, lorsque la culture se sera étendue et perfectionné
ces deux causes réunies pourront faire baisser le prix des racines à 5 fr., et que le rer
dement, par l'application des découvertes de la chimie et de la mécanique, pourra s'élev
à 8 0/0, chiffre bien inférieur encore à l'analyse chimique ; dans ce cas, conservant tou
jours les mêmes bases pour les frais de fabrication, nous aurons :

$$\frac{10\ \text{f.} + 28\ \text{f.} + 4\ \text{f.} \times 50}{80} = 21\ \text{f. } 25,\ \text{prix de 50 kil. de sucre.}$$

Nous établissons ici le prix de revient au fabricant qui, pour éviter les chances de cu
ture, achète les racines ; d'après les bénéfices considérables du cultivateur, il n'est pa
douteux qu'une exploitation, qui réunit culture et fabrique, puisse produire le sucre br
à un prix moins élevé.

Quelques personnes, effrayées de l'extension que prend cette industrie, se sont deman
si, par suite, il ne pourrait pas en résulter un déficit dans les récoltes de céréales
Qu'elles se rassurent ! La quantité de sucre indigène livré à la consommation cette anne
est évaluée à . . . . 20,000,000 kilogramme
qui, au rendement de 6 0/0, seraient le produit de . . 333,333,333 kil. de racine

récoltés sur 11,111 hect., en estimant le rapport { terme moyen,   9,722 hect.
à 30,000 k. ou sur 8,334   »   »   »   40,000 {

Hors, la superficie totale de la France est de 52,941,300   »
sur lesquels on compte en terres arables 22,818,000   »

La consommation actuelle de la France ne nécessiterait une culture
de betteraves que de 48,610   »
c'est-à-dire moins de la 1000ᵉ partie du sol.

Les houblonnières seules occupent. 60,000   »
et les vignes. 1,977,008   »

La France possède encore en terrains vagues et marais plus de. . . 4,000,000   »
qui pourraient être rendus à l'agriculture.

Les droits de douane sur le sucre brut colonial étant de
49 f. 58 pour le sucre des Antilles et de la Guyanne,
42   35   —   de Bourbon, qui entre pour un quart dans l'importation générale,

la moyenne du droit est de $\dfrac{49\text{ f. }50 \times 3 + 42\text{ f. }35}{4} = 45$ f. 21 c. 1/4 par 100 kilog.

Ainsi, 20,000,000 kilogr. de sucre indigène, versés dans la consommarion de 1834-1835, ont privé le trésor d'un produit de 9,042,500 f.

(*a*) Guerre d'Espagne.
(*b*) Nouvelle législation sur les primes.
(*c*) Apparition du sucre de betteraves.
(*d*) Modification sur l'exportation du sucre raffiné, accroissement de production de la betterave.

(N° 3).

STATISTIQUE militaire, administrative et commercia

	POPULATION. (A)			GARNISONS.				REC		
	LIBRE.	ESCLAVE.	TOTAL	INFANTERIE.	GENDARME-RIE.	ARTILLERIE.	TOTAL	LOCALES (B)	BUDGET DE LA MARINE chap. xv.	
Martinique	34493	79767	114260	1815	62	176	2053	1948886	1839734	7
Guadeloupe	25810	99039	124849	1815	67	198	2080	1857642	1953851	7
Bourbon . { ...... 28247 / Indiens . 2404 }	30651	70458	101109	406	//	155	561	1395860	454552	[illegible]
Guyane française	4330	18201	22531	506	//	65	571	197200	440330	8
Sénégal	2970	11321	14291	367	//	68	435	95000	339779	C
Inde. . . . { Européens 1199 / Indiens . 151702 }	152901	//	152901	9	//	//	9	862403	//	
Saint-Pierre-et-Miquelon	905	//	905	//	//	//	//	1300	//	
Madagascar	//	//	//	//	//	//	//	//	//	
	252060	278786	530846	4918	129	662	5709	6358291	5028248	5
A ajouter pour le service commun des colonies centralisé en France								//	971751	4
TOTAUX								6358291	6000000	..

OBSERVATIONS.

(A) La population des colonies, tant libre qu'esclave, est probablement plus considérable que cell
en connaître le chiffre exact qu'après la réception des états officiels dressés dans les colonies par ordr

(B) Depuis 1833, les budgets locaux se sont encore accrus. Les dernières dépêches parvenues des A
s'élève pour 1835 à 2,192,717 f., et celui de la Guadeloupe à 2,081,621 f. 25.

(C) Elle est d'un million de francs dû par la compagnie anglaise de l'Inde.

(D) La navigation de la France avec ses colonies occupe le cinquième des hommes d'équipage en
gation avec l'étranger, et le rapport entre le tonnage de ces deux navigations est comme 49 est à 18
avec ses colonies absorbe plus des deux-cinquièmes du tonnage employé par la navigation avec l'étra
colonies en 1835 se compose de 725 bâtimens entrés et sortis, montés par 9,935 hommes et représentan

COLONIES FRANÇAISES au 31 décembre 1833.

| ES | | DÉPENSES. | | | | IMPORTATION DES COLONIES en France (D). | EXPORTATION DE FRANCE aux colonies. (D) | DROITS PERÇUS à l'entrée en France. |
| Fonds DE LA RENTE | TOTAL. | SERVICE INTÉRIEUR. | | SERVICE MILITAIRE. | TOTAL. | | | |
		Personnel.	Matériel.					
//	3788620 79	1547953 36	400932 61	1839734 79	3788620 79	14761803	12438288	10267932
//	3811493 72	1624960 61	232681 39	1953851 72	3811493 72	21161430	12296101	15342764
//	1850412 18	1038880 41	356979 59	454552 18	1850412 18	16178236	7020561	8437472
25000	1162530 89	576327 57	145872 43	440330 89	1162530 89	2157740	2272611	776380
50000	684779 01	246806 72	98193 28	339779 01	684779 01	2139408	3798320	89275
//	862403 //	617123 82	245279 18	// //	862403 //	266235	138499	11245
05000	106300 //	92449 78	12850 22	// //	106300 //	7696598	4803983	7633
90000	90000 //	84098 92	5901 08	// //	90000 //	//	//	//
70000	12356539 59	5829601 19	1498689 81	5028248 59	12256539 59	64361450	42768361 (1)	34932701
30000	1001751 41	12000 //	18000 //	971751 41	1001751 41			
90000	13358291 //	5841601 19	1516689 81	6000000 //	13358291 //			

est indiquée dans ce tableau : mais l'on ne pourra gouvernement.
...s font connaître que le budget de la Martinique...

...yés par la France, dans son mouvement de navi... en d'autres termes la navigation de la France... . Le mouvement mutuel entre la France et ses... ,595 tonneaux.

(1) On doit ajouter à cette somme

de.................... 42768361 »

celle de.................. 946598 10

valeur des exportions de St-Pierre-et-Miquelon aux Antilles.

____

Total des exportations........ 43714959 10

9 782329 494692